LEÇON D'OUVERTURE

DU

COURS D'HISTOIRE

A L'ÉCOLE POLYTECHNIQUE

PAR V. DURUY

Professeur à l'École polytechnique
et inspecteur général de l'Instruction publique

DEUXIÈME ÉDITION

PARIS
IMPRIMERIE DE CH. LAHURE ET Cie
RUE DE FLEURUS, 9

DÉCEMBRE 1862

LEÇON D'OUVERTURE

DU

COURS D'HISTOIRE

A L'ÉCOLE POLYTECHNIQUE

PAR V. DURUY

Professeur à l'École polytechnique
et Inspecteur général de l'instruction publique

DEUXIÈME ÉDITION

PARIS

IMPRIMERIE DE CH. LAHURE ET Cie

RUE DE FLEURUS, 9

DÉCEMBRE 1862

LEÇON D'OUVERTURE

DU

COURS D'HISTOIRE

A L'ÉCOLE POLYTECHNIQUE.

Messieurs,

J'ai besoin, en entrant ici pour la première fois, d'exprimer ma reconnaissance envers votre commandant[1], les membres de vos deux conseils d'élection et M. le maréchal Randon qui a bien voulu ratifier leur vote unanime.

Cette reconnaissance je la dois, non-seulement à cause de l'honneur qui m'a été fait d'être appelé à prendre place parmi vos maîtres, mais plus encore pour la bonne et heureuse pensée qui a décidé M. le ministre à ajouter une utile réforme à toutes celles qu'il a déjà accomplies dans les écoles militaires, en accordant une seconde chaire aux lettres dans cette maison, le sanctuaire des sciences mathématiques.

Le choix dont j'ai été l'objet est, à mes yeux, le couronnement de ma vie professorale, et je regarde le droit de parler à côté des hommes éminents qui dirigent vos

---

[1] M. Coffinières, général du génie.

travaux comme la plus haute récompense d'une carrière laborieuse.

J'aime trop la jeunesse pour la flatter. Il faut bien, cependant, que je vous dise, messieurs, qu'on trouverait difficilement ailleurs un auditoire plus intelligent, plus ami des fortes études et des hautes pensées. Il m'en rappelle un autre que j'ai quitté avec d'infinis regrets, et toute mon ambition serait que le nouveau m'accordât la confiance et l'affection auxquelles l'ancien m'avait habitué. Ils étaient moins nombreux, moins étrangers par leurs études de chaque jour aux questions dont j'aurai à vous entretenir; mais, par toutes ces raisons mêmes, ils étaient moins redoutables. Quand je songe que dans quelques années la plupart d'entre vous occuperont dans l'État des positions élevées, et que vous serez de ceux qui font l'opinion publique, je crains de ne pouvoir répondre à votre légitime attente. Une chose pourtant me rassure : c'est que la bonne volonté ne me manquera pas.

Permettez-moi d'ajouter que bien que nous ayons marché, vous et moi, par des chemins différents, je ne suis peut-être pas pour vous tous un inconnu, et que j'ose compter au moins sur votre bienveillante attention.

Mais que viens-je faire ici? Ah! une grande chose si j'étais capable de la bien faire : vous dire quel a été le passé du monde et comment notre civilisation moderne s'est formée, afin que, connaissant bien la voie qu'elle s'est frayée, vous la poussiez à votre tour, plus vite et mieux, en avant.

C'est un enseignement nouveau dans cette grande école et une gracieuse faveur que les sciences veulent bien faire aux lettres ; il n'est donc pas hors de propos d'en discourir un peu, pour en bien marquer le caractère et peut-être la nécessité.

Je vous accorde, messieurs, que les ingénieurs sont les rois du monde moderne; et, à coup sûr, lorsque le temps aura mis les choses dans cette perspective qui permet de les bien juger, il n'y aura point, parmi nos petits-neveux, assez d'admiration et de reconnaissance pour les glorieuses conquêtes qui ont été accomplies dans la durée d'une seule vie d'homme par l'esprit scientifique.

Ce n'est pas à vous que j'ai besoin de rappeler l'espace et le temps comme supprimés par la locomotive et la télégraphie électrique; les vents et les flots bravés par le bâtiment à vapeur; les astres devinés par le calcul; la composition de l'atmosphère solaire par la chimie, la guerre transformée par la science; tout un ordre de substances décomposées par l'analyse et reproduites par la synthèse; de vieilles et longues erreurs, comme la croyance aux générations spontanées enfin détruites; l'art du constructeur arrivant à opérer ce prodige qu'un homme avec un bon métier fait aujourd'hui quatre cents fois plus de travail qu'il n'en faisait il y a cinquante ans avec ses bras, et cet autre que sur un navire de guerre on installe une machine qui à elle seule déploie la force qu'auraient sur terre quarante-deux mille chevaux. Et la mer qu'on apprend à ensemencer comme un champ de labour, les continents que l'on coupe, les montagnes qu'on abaisse ou entr'ouvre, travail d'Hercule que l'antiquité attribuait à un demi-dieu et que vos aînés, messieurs, accomplissent en se jouant. Des sciences nouvelles se fondent, des arts nouveaux se produisent. Les géologues ouvrent les grandes annales de la terre, et voilà que nous y lisons une histoire vieille de plusieurs millions d'années. La sonde frappe le sol, et l'eau jaillit au milieu de nos cités de quinze à dix-huit cents pieds de profondeur. L'électricité fournit la plus éclatante lumière ou recouvre l'argile d'une armure de bronze; et tandis que la houille, arrachée aux entrailles de la terre, éclaire nos villes, donne la chaleur à nos foyers, la force à nos manufactures, à l'industrie ses plus brillantes couleurs, à l'hygiène un préservatif puissant contre la putréfaction animale, le soleil qui dore nos moissons se trouve investi du rôle nouveau de décorer nos demeures et de laisser jusque dans la chaumière du pauvre ces chères images qui rendent moins dures l'absence ou la mort. L'ouvrier devenait une chose, un rouage chargé d'accomplir à toutes les minutes de sa vie le même mouvement automatique, sans obligation de penser; la science spiritualise l'industrie, comme elle a fait la guerre intelligente, et la machine-outil rend au manœuvre sa condition d'homme.

Entrons un soir dans une usine : partout, autour de nous, du bruit, du feu, des lumières éclatantes et d'épaisses ténèbres. Au milieu de cet enfer, l'homme règne et commande : sur un geste de lui, l'air siffle avec violence pour activer les fourneaux; l'eau se précipite avec fracas sur la gigantesque roue; la fonte coule en ruisseaux de feu; le fer se tort sous de puissantes étreintes et l'acier prend docilement toutes les formes. Lui, au milieu de ces bruits qui sont le cri de douleur de la matière forcée d'obéir, il est calme et fort : la science l'a sacré roi de la nature domptée.

Des entrailles de la terre où se cache la force qui met en mouvement les 30,000 locomotives circulant à cette heure sur 100 000 kilomètres de rails, jusqu'aux espaces sans bornes où vos télescopes vont chercher de nouveaux mondes, voilà, messieurs, votre domaine. Il est bien grand et je ne vous ai pas marchandé les merveilles que vous y accomplissez; cependant, je veux vous parler d'un autre qui est plus vaste encore.

Il y a autre chose, sous le soleil, que des quantités

soumises au calcul et des forces que l'observation découvre. Le monde n'est pas un composé de rouages habilement engrenés qui obéissent à des lois immuables et l'homme lui-même n'est pas ce pur esprit qui vit de formules abstraites et de vérités théoriques. « Deux choses, disait Kant, remplissent également mon âme d'admiration : le ciel étoilé au-dessus de nos têtes et la loi morale au dedans de nos cœurs. » A côté de vos sciences magnifiques et puissantes, je vois encore la fleur que le vent balance sur sa tige et le rayon de soleil qui joue avec les nuages, ou la tempête qui fouette l'Océan. J'écoute avec ravissement les chants mélodieux des poëtes du cœur, ou les austères pensées des maîtres de l'intelligence, et j'entends le bruit des empires qui s'écroulent ou qui s'élèvent.

Quel royaume immense que celui où l'imagination et la pensée sont reines, où le poëte et l'artiste cherchent le beau, le moraliste le juste, l'historien le vrai ! Il enveloppe le vôtre, messieurs, et il va plus loin; car, par delà les dernières nébuleuses dont vous calculez la distance, se trouvent encore l'infini dont l'œil de l'esprit peut seul pénétrer les insondables profondeurs et cet autre infini dont votre Laplace n'avait pas besoin, Dieu.

Mais, me direz-vous, notre monde à nous est soumis à une marche régulière; les découvertes s'y succèdent et les progrès s'y enchaînent; tandis que le vôtre est agité de mouvements tumultueux et désordonnés. Nos grands hommes ont toujours des successeurs, et votre Homère quoique bien vieux, Phidias et Platon qui ne sont pas d'hier, même Raphaël, n'ont eu que des héritiers. Nous marchons tantôt vite, tantôt lentement, mais nous marchons toujours; et vous, pour faire un pas, il faut qu'un homme supérieur vous arrive; encore, après lui, retournez-vous souvent en arrière. Nos sciences sont une chaîne continue; les vôtres se brisent sans cesse.

Oui, quelques-unes des nôtres se brisent, parce que l'art est individuel et ne se transmet pas, mais elles se renouent toujours et ce désordre apparent que vous nous reprochez cache un ordre immense. Ainsi la mer s'agite incessamment, afin de rejeter peu à peu sur ses rives tout ce qui troublerait la limpidité de ses eaux.

Pascal, un de vos grands hommes et aussi un des nôtres, a dit : l'humanité est un homme qui apprend toujours; j'ajoute, car, sans cela, la science même serait inutile, un homme qui devient plus heureux et meilleur. Je vous parlais tout à l'heure de quelques-unes des conquêtes faites par les sciences mathématiques et physiques, depuis un demi-siècle. Laissez-moi dresser aussi le bilan sommaire de nos sciences morales.

Elles ne tendent pas à accroître la puissance de l'homme sur la matière, mais à lui donner des conditions meilleures et plus justes d'existence, à purifier son cœur, à élever son esprit, à charmer son imagination et son goût, à faire enfin de l'homme ce roseau pensant qui malgré sa faiblesse est plus grand, par cela seul qu'il pense, que tout votre univers.

Mais cette grandeur, de combien d'alliages n'est-elle pas mêlée ? Que de passions et de vices dans l'individu; que d'injustices et d'erreurs dans l'ordre social; que de corruption partout! Depuis que l'homme est sur la terre, il se déchire de ses propres mains. Au nom d'idées fausses, d'intérêts mal compris et de croyances mauvaises ou perverties, il opprime, il torture, il tue. La route où il a marché est tachée de sang, et à toutes les ronces du chemin je vois les lambeaux de sa chair. Pour faire entrer enfin dans la loi la justice, dans la société l'égalité des droits, mais aussi celle des devoirs; dans l'État la liberté publique, dans l'individu le sentiment de sa dignité d'homme, avec toutes les vertus qui y tiennent; il a fallu les innombrables efforts de trente générations de penseurs et de martyrs. L'œuvre est bien loin encore d'être finie : elle ne le sera jamais ; mais pour vous assurer que nous aussi nous marchons, voyez ce qui a été accompli, dans un bien court espace de temps, par ceux qui nous ont précédés immédiatement dans la vie et par notre génération même.

L'État a été replacé sur des fondements nouveaux et meilleurs, et l'on croit à présent qu'il est tenu, comme l'individu, de s'améliorer sans cesse. Le droit divin, qui était immuable, a fait place au droit national, qui se prête à toutes les réformes légitimes ; la loi succède au bon plaisir ; et la liberté, moyen puissant de perfectionnement, quand elle arrive à son heure, tend à prévaloir dans la politique, comme elle a prévalu dans le commerce et l'industrie, qu'elle féconde, dans la science et les lettres, dont elle est la force vivifiante.

La loi civile a été améliorée et l'arbitraire chassé de l'administration. Au lieu du désordre et des caprices de l'ancien régime, on a aujourd'hui sécurité complète pour sa personne et pour son bien. La misère était taxée et la richesse affranchie ; nous avons l'impôt payé par tous en proportion du revenu de chacun. Les privilèges de caste, les monopoles de corporation ont disparu, et les fonctions, les grades, les honneurs sont répartis selon les services et non plus suivant la parenté. La cause d'un Montmorency ne pèse pas plus dans la balance de la justice que celle d'un paysan, et il ne suffit plus, pour devenir quelque chose, de se donner la peine de naître.

L'ancienne France déclarait libre tout esclave qui abordait sur ses côtes, la nouvelle a fait mieux : elle a proscrit l'esclavage ; et bientôt cette plaie hideuse, qui est plus fatale encore au maître qui en vit qu'au malheureux qui en meurt, aura disparu du sein de toute société civilisée.

En même temps que nous mettions l'équité dans la loi civile, nous effacions de la loi pénale les rigueurs inutiles ou mauvaises. Le fils n'est plus puni civilement pour les crimes du père, et la torture n'arrache plus des aveux menteurs.

Autrefois la société regardait le coupable comme un ennemi et se vengeait par d'atroces supplices. Aujourd'hui, tout en le frappant, elle voit en lui un malade d'esprit et de cœur, qu'elle tâche de guérir, et elle y réussit dans une certaine mesure, puisque le nombre des récidives diminue[1]. Elle n'abandonne même le criminel qu'à regret aux sévérités suprêmes et inexorables. En 1859, on n'a compté, pour tout l'Empire, que vingt et une exécutions capitales, moins que le Paris d'autrefois, à lui seul, n'en voyait en un an.

Jusqu'à une époque bien rapprochée de nous, la politique et la religion ont puni de mort leurs adversaires. Il y a juste cent ans, en 1762, un ministre protestant a été pendu à Toulouse pour avoir enseigné sa croyance, et il est des pays où, à cette heure même, d'honnêtes gens sont envoyés aux galères et des mères de famille séparées de leurs enfants et bannies, pour avoir prié Dieu autrement que leurs juges. Nos pères, Dieu merci! ont proclamé la liberté de la conscience, et nous, nous avons vu décréter qu'une erreur politique ne serait plus punie de la même façon que l'assassinat.

Au bas de l'échelle sociale, qui pesait de tout son poids sur lui et l'écrasait, l'ouvrier mal logé, mal vêtu, mal nourri, vivait misérablement. Le travail rendu libre lui a donné du pain, en même temps que sa demeure assainie lui a donné de la force. Son salaire s'est élevé, et le prix de beaucoup de choses à son usage a

---

[1]. L'année 1859 a eu 550 récidivistes de moins que 1858 parmi les accusés condamnés à plus d'un an de prison.

baissé, ce qui, de deux manières, a augmenté son bien-être. L'assistance, devenue un devoir public, a multiplié pour lui ses ingénieuses et charitables institutions. La crèche, l'asile, l'école ont reçu ses enfants, et ils y ont pris santé et intelligence. La caisse d'épargne, les sociétés de secours mutuels [1] et de prévoyance, les établissements hospitaliers l'ont garanti contre la ruine que lui apportaient le chômage, la maladie, la vieillesse; et le crédit mis à sa portée lui permet de féconder son travail par cette force nouvelle et puissante, qui était jadis inconnue ou le monopole de quelques-uns [2].

Vous connaissez le paysan d'aujourd'hui, qui, presque partout, possède son lopin de terre. Voici celui du bon vieux temps : « On voit, dit la Bruyère, certains animaux farouches, des mâles et des femelles, répandus dans la campagne, noirs, livides et tout brûlés du soleil, attachés à la terre qu'ils fouillent et qu'ils remuent avec une opiniâtreté inconcevable. Ils ont une voix articulée, et quand ils se lèvent sur leurs pieds, ils montrent une face humaine; et, en effet, ils sont des hommes. » Pendant ces famines épouvantables qui revenaient tous les quatre ou cinq ans, on les voyait errer par bandes affamées, comme les loups que la neige et la faim chassent l'hiver des grands bois, et on trouvait des morts le long des chemins, la bouche pleine encore de l'herbe dont ils avaient essayé de se nourrir.

Je vis hier un médecin étranger, il revenait d'une visite dans nos hôpitaux, et je le trouvai encore plein

---

[1]. En 1861, il existait 4410 sociétés de secours mutuels comptant 805346 membres, ayant pu dépenser, en secours 7562026 francs et possédant une réserve sociale de 27905537 francs. Il n'y avait en 1848 que 2000 de ces sociétés, en 1822 que 132.

[2]. Voyez le livre de M. Modeste sur le *Paupérisme* que l'Académie des sciences morales a couronné et où se trouve très-résolûment soutenue la thèse que « le paupérisme est un mal qui s'en va. »

d'admiration pour la manière dont ils sont tenus. En 1786, à l'Hôtel-Dieu de Paris on réunissait les malades de toute sorte, sans distinction de ceux qui étaient atteints de maladies contagieuses, dans les mêmes salles, et jusqu'à cinq et six dans le même lit, huit quand c'étaient des enfants. Les morts restaient côte à côte avec les vivants, car on ne retirait les cadavres que le lendemain, au jour, et la mortalité était effrayante : deux sur neuf, c'est-à-dire trois fois plus qu'aujourd'hui. Nos populations n'ont pu se débarrasser encore de tout l'effroi que causaient ces demeures destinées à guérir, et où la mort moissonnait tant.

De l'hôpital, passons à l'école : vous ne me permettriez pas, messieurs, de l'oublier, même ici. Avant la loi de 1833, il était rare de trouver dans nos campagnes un homme sachant lire et écrire. Aujourd'hui nous avons, à bien peu d'exceptions près, autant d'écoles primaires que de communes, et 2 500 000 enfants les fréquentent. Beaucoup passent de là dans les lycées, quelques-uns dans les grandes écoles publiques, et il en vient sans doute s'asseoir jusque sur ces bancs; de sorte que la somme d'intelligence qui existe dans le pays à l'état latent, se trouvant sans cesse accrue et fortifiée, le gouvernement, pour les services publics, les particuliers, pour l'agriculture, l'industrie et le commerce, ont à choisir leurs auxiliaires non plus dans une classe restreinte, mais dans un peuple immense, et peuvent, par conséquent, mieux choisir. C'est ainsi, pour ne pas sortir de cette maison et ne parler que des morts, que Vauquelin, Monge, le baron Thénard, le marquis de Laplace, tous fils de paysans, ont pu monter aux honneurs, à la fortune, et mériter la reconnaissance publique.

Notez bien, messieurs, que plus de lumières, c'est d'abord plus de jouissances élevées pour l'esprit et mieux encore, comme nous le verrons bientôt, plus de moralité pour le cœur.

Les perfectionnements de l'industrie et des voies de communication vous appartiennent, mais c'est avec les leçons de la science nouvelle que les économistes ont créée, que le commerce et l'agriculture ont pris un essor immense. Le temps n'est pas bien éloigné où Louis XV croyait faire baisser le prix des grains en ordonnant d'arracher les vignes de la Bourgogne et de la Franche-Comté, ce que, fort heureusement, on se garda de faire; et il y a moins longtemps encore que, de l'autre côté des Pyrénées, Charles IV défendait, *sous peine des galères*, de labourer dans trois de ses plus belles provinces, afin que les moutons de la Mesta y trouvassent plus d'herbe et quelques grands d'Espagne plus de revenus. Chaque année, d'énormes quantités d'étoffes étaient publiquement brûlées dans nos villes de manufacture, pour une contravention à des règlements tyranniques ou absurdes, et une marchandise qu'on voulait faire descendre par la Saône et le Rhône, de Gray à Arles, était trente fois arrêtée par les péagers, de sorte que sur cette route dont la nature seule avait fait les frais, le commerce laissait aux mains du fisc 25 à 30 pour 100 de la valeur des objets transportés.

C'était toute une législation insensée que les économistes avaient à détruire. Voyez les résultats.

En moins d'un siècle, l'agriculture française a quadruplé ses produits et ses revenus, et le commerce, délivré de la plupart de ses entraves, surtout par le mémorable traité de 1860, qui n'est rien moins qu'un 1789 économique, a multiplié la richesse, égalisé les échanges, rendu impossible le retour de ces famines qui décimaient périodiquement nos pères. Cette année, le déficit de la récolte était de 15 millions d'hectolitres. Il y a un siècle, c'eût été la mort pour beaucoup, la misère pour tous; nous ne nous en sommes pas même aperçus.

Une idée de ces rêveurs, comme on a nommé si longtemps les économistes et les philosophes, passant enfin dans la loi, chasse un mal cruel; et une constitution meilleure de la société appelle à l'existence des foules innombrables. En un siècle, la population de l'Europe s'est accrue de 120 millions d'hommes qui ont trouvé place « au banquet de la vie, » dont leurs pères n'étaient trop souvent que « les infortunés convives. »

Cette force morale tirée du néant, d'où, en des temps plus durs, elle n'aurait pu sortir, vaut bien quelques-unes des forces physiques trouvées dans les laboratoires. J'en ai pour preuve l'étonnement douloureux que causa dans la France entière, il y a quelques années, la révélation inattendue que le mouvement ascensionnel de la population se ralentissait. C'est marcher dans les voies de Celui qui a semé partout la vie avec profusion, que de susciter ces millions d'intelligences pour le glorifier par le travail et par une culture plus haute.

N'en croyez pas les détracteurs qui nous accusent d'adorer la matière parce que nous la forçons de nous servir. Lorsqu'on jeta, entre l'ancien et le nouveau monde, ce câble électrique qui s'est malheureusement brisé, la première parole que l'industrie de l'Europe envoya, à travers l'immensité de l'Océan vaincu, à celle d'Amérique, fut une sainte prière : « Gloire à Dieu au plus haut du ciel et paix sur la terre aux hommes de bonne volonté ! »

Notre société, en effet, est, à sa manière, profondément religieuse, puisqu'elle cherche le bien et fuit le mal. Voyez le commerce. Dans ses courses à travers le monde, il emporte autant d'idées que de marchandises. Les peuples mêlent leurs pensées comme leurs intérêts; les préjugés nationaux et hostiles s'effacent; les murailles de la Chine, dont chacun s'enveloppait, s'écroulent, et les nations ont leurs pacifiques concours, comme autrefois la Grèce avait ses assemblées olympiques. La guerre s'en va.

Rassurez-vous, messieurs; tout n'est pas encore si bien ordonné, que l'ère de paix annoncée par tant de signes prophétiques puisse arriver demain. Nous ne la verrons pas, mais vos petits-neveux l'établiront peut-être. Déjà la guerre n'est plus plaisir de prince; il faut des intérêts considérables ou une grande cause pour la faire éclater; vos canons rayés ne portent même si juste et si loin que lorsqu'ils sont chargés avec des idées, comme ils l'étaient à Solferino; et maintenant ils le sont presque partout et toujours [1].

Voyez quelle a été dans l'extrême Orient l'œuvre de la guerre. Un immense et orgueilleux empire s'est ouvert devant nos soldats, mais il s'ouvre aussi devant nos idées; et, le Fils du Ciel, celui dont les prédécesseurs traitaient si dédaigneusement les barbares, vient de rendre de publics honneurs à un de nos amiraux tombé pour sa cause. La civilisation moderne, comme une marée puissante, irrésistible, s'élève et se répand tout autour d'elle, non pour détruire, mais pour féconder. Elle aussi s'est animée de l'esprit de prosélytisme, et, conquérante d'une espèce nouvelle, la voici qui retourne à son berceau, qui réveille l'Égypte et l'Inde, et remet en marche ce vieux monde qui, depuis deux mille ans, dormait comme le Brahma de ses légendes sur la fleur de lotus, ou comme les sphinx des Pharaons silencieusement couchés aux portes de leurs temples déserts.

[1]. L'empereur Napoléon III a dit bien mieux : « La France est le seul pays qui fasse la guerre pour une idée. »

Tout ce que nos sciences ont fait, depuis 70 ans, aidées à l'occasion par quelques-unes des vôtres, se résume en deux choses qui sont de grandes victoires sur deux des plus vieilles puissances de la terre dont nous ne nous affranchirons jamais, mais que nous pouvons faire reculer, le mal et la mort.

Avec plus de bien-être, la vie s'est allongée; avec plus de travail et d'instruction, la moralité s'est élevée.

Un enfant né dans l'autre siècle ne pouvait compter en moyenne que sur 27 ou 28 ans d'existence; il a droit maintenant à 39 ou 40, qui sont pour la plupart bien plus remplis que 50 ou 60 années d'autrefois, si la vie doit s'estimer plutôt d'après ce qu'on a vu, senti, pensé, produit, que d'après le nombre d'heures qu'on a vécu[1]. Et nous ne nous arrêterons pas là. Nous vivons plus que nos pères, nos fils vivront plus que nous; j'ajoute même qu'ils vivront mieux.

Les chiffres ne vous effrayent pas, laissez-moi vous en donner quelques-uns que j'ai pris dans la statistique de la grande chancellerie pour l'année 1859, la dernière dont j'aie eu les documents officiels :

L'esprit processif diminue, et par conséquent l'esprit de paix et le sentiment du juste augmentent. Le nombre des causes civiles inscrites au rôle des tribunaux de première instance a diminué, sur 1858, de 3223; et les juges de paix ont concilié 1 500 000 affaires. Des avocats, des avoués s'en plaignent; laissons-les dire et réjouissons-nous.

Malgré l'énorme accroissement des transactions commerciales, les tribunaux de commerce ont eu à juger 12 517 affaires de moins que l'année précédente.

---

[1]. Ce sont les pauvres qui produisent, voyagent et trafiquent le plus. La recette de 461 millions faite en 1861 sur les chemins de fer français provient, pour la très-grande partie, des voyageurs de 2e et de 3e classe et des marchandises à bon marché.

Nos tribunaux pour la justice criminelle ne chôment pas encore, mais grâce à l'abaissement du chiffre des accusations, la durée moyenne des sessions des cours d'assises, qui était de neuf jours en 1855, n'a plus été que de sept en 1859. Plus de loisir pour nos jurés, c'est plus de moralité pour le pays. La diminution, en effet, du nombre des accusés sur 1854 est énorme, de 30 pour 100.

Les tribunaux correctionnels ont jugé, en 1859, 15 000 prévenus de moins qu'en 1858, année qui présentait déjà une forte réduction sur 1857.

Enfin le nombre d'enfants envoyés en correction s'atténue : il était de 10 en moyenne pour 1000 accusés jusqu'en 1855; il oscille à présent entre 8 et 9.

Bien que la population s'accroisse, le nombre des enfants abandonnés faiblit : il est tombé de 36 000, en 1831, à 26 000 aujourd'hui ; et ce qui doit réjouir le cœur, beaucoup de ces malheureux sont maintenant reconnus et légitimés par mariage subséquent.

Les crimes contre les personnes diminuent d'une manière peu sensible, parce qu'ils proviennent des emportements de la violence et du désordre des passions, deux mauvaises choses qui ont été durant des milliers d'années le fonds commun de l'humanité et de la vie, et que jamais nous n'extirperons entièrement; mais le chiffre des crimes contre la propriété s'affaiblit d'une manière considérable, parce que l'esprit plus éclairé comprend que, même en réduisant la vertu à n'être qu'un calcul, le plus sûr aujourd'hui c'est encore d'être honnête homme.

Mais sur 100 accusés en cours d'assises, il en est près de 84 qui ne savent ni lire ni écrire, ou, ce qui revient au même pour l'objet dont nous nous occupons, qui ne le savent que très-imparfaitement. L'ignorance, voilà l'ennemi! Continuons donc à répandre l'instruction à flots pressés et à chasser les ténèbres, puisque c'est le vice et le crime que poursuivent nos instituteurs et nos maîtres quand ils font la guerre à l'ignorance.

Mais l'argent est le nerf de cette guerre-là comme de l'autre, et la France ne consacre pas chaque année pour instruire et moraliser 38 millions d'hommes la somme que lui coûtent trois frégates cuirassées. Espérons, messieurs, que bientôt vous pourrez dépenser un peu moins et nous autres un peu plus.

Vous le voyez, dans notre pays et sous l'effort persévérant de notre civilisation moderne, le niveau de la criminalité baisse, et par conséquent celui de la moralité monte. Nos sciences morales ont donc aussi leur place et leur utilité sur la terre à côté des vôtres, et je regarde comme une espèce perdue ce géomètre qui disait en face de je ne sais plus quelle belle chose de l'esprit ou de l'art : « Qu'est-ce que cela prouve ? »

C'est au milieu des idées et des faits qui ont amené ces grands résultats que je voudrais vous conduire. Quelques-uns d'entre vous me répondront peut-être : Nous avons entrevu déjà ces pays dont vous nous parlez, et nous y retournerons volontiers un jour, bien qu'à vrai dire vos vieilles sociétés ressemblent beaucoup au fameux dextrier du bon paladin Roland, qui avait toutes les qualités et un seul défaut, celui de n'être plus en vie. Pour le moment, nous sommes pressés, laissez-nous à nos formules et à nos expériences; il faut que nous arrivions.

Ce dernier mot, messieurs, je l'entends partout et je m'en afflige. La vie semble aujourd'hui le prix de la course. Croyez-en cependant un homme qui a fait assez bien son chemin dans ce monde, l'empereur Auguste, et qui aimait à répéter : « J'arriverai assez tôt, si j'arrive. » Croyez-en même le poëte : « Ce ne sont que les morts qui vont vite : *Hurrah ! Die Todten reiten schnell !* »

Que mes savants collègues fassent sortir du milieu de vous les chimistes, les ingénieurs, les constructeurs et les physiciens qui sont l'honneur et la force de la France, que le monde nous envie et que souvent il nous emprunte, rien de mieux ; mais permettez que votre maître de littérature et moi nous vous disions que si l'on est de sa profession quelques heures par jour et pendant quelques années, on est homme sa vie entière, et que ce sont les lettres, les sciences morales qui enseignent à le devenir.

J'irai plus loin ; et puisque j'ai commis tout à l'heure l'impertinence de prononcer ces mots : la guerre s'en va, malgré les apparences contraires qu'il vous serait facile de m'opposer, vous me laisserez vous en dire une autre : C'est que pour bien faire des mathématiques, il faut faire encore autre chose, comme le comprenaient si bien Pascal, Descartes, Leibnitz, d'Alembert, et parmi vos anciens maîtres, Fourier, Arago, qui nous appartiennent presque autant qu'à vous ; Biot, un de vos illustres, qui, dans l'année même où il préparait un de ses plus savants ouvrages, disputait, même à M. Villemain, le prix de l'éloquence pour un éloge de Montaigne, en attendant qu'il vînt s'asseoir à côté de lui parmi nos généraux de la littérature.

J'admirerai autant que vous et je placerai aussi haut qu'il vous plaira cette science qui, partant d'un petit nombre de notions puisées dans l'entendement, en tire un vaste ensemble de conséquences magnifiques dont les unes nous ont livré quelques-uns des secrets de Dieu, dont d'autres nous ont conduits à la domination du monde matériel. Au besoin, je serais le premier à réclamer pour elle une part considérable dans l'éducation à cause de la discipline salutaire qu'elle impose à l'esprit, des habitudes de précision et de rigueur qu'elle lui donne, du besoin dont elle lui fait comme une seconde nature de ne croire qu'à l'évidence, « parce qu'elle l'accoutume, disait Descartes, à se repaître de vérités et à ne point se payer de fausses raisons. » Je vaux bien peu, mais je ne fais nulle difficulté de reconnaître que ce peu je le dois en grande partie au commerce, malheureusement trop court, que j'ai entretenu jadis avec vos sciences.

Mais les mathématiques peuvent-elles, seules, tenir lieu de tout autre moyen de culture pour l'esprit?

Je suis persuadé, messieurs, que toute étude *exclusive* a pour effet inévitable de fausser l'intelligence, l'archéologie tout comme les mathématiques, la métaphysique aussi bien que l'histoire naturelle, par la raison fort simple que lorsque l'esprit concentre toutes ses forces sur un seul objet, l'équilibre de ses facultés se renverse; ferme sur un point, il oscille sur tous les autres; il flotte incertain et troublé, ne voit plus les obstacles et s'y brise. Ainsi arriverait-il d'un arbre dont on détruirait les bourgeons pour n'en laisser qu'un seul aspirer toute la sève. Au lieu d'aller chercher l'air et la lumière par mille rameaux et de développer librement les formes gracieuses et fortes que la nature lui promet, il n'aurait qu'une branche élancée dans une seule direction, dont les fleurs pourraient être d'abord plus belles, les fruits plus savoureux, mais qui n'étant pas protégée, soutenue par les autres rameaux, au moindre vent se romprait.

Le système de la division extrême du travail produit des merveilles dans l'industrie et dans la science; mais si vous exceptez quelques natures d'élite qui échappent par elles-mêmes aux dangers de cette chose que notre langue ne peut désigner qu'en faisant un barbarisme, la *spécialisation* étroite, ce régime diminue trop souvent la valeur de l'homme, en dehors de sa profession, ce qui ne laisse pas d'agir d'une manière fâcheuse sur la profession même. Vous savez que la terre la plus généreuse s'épuise à ne porter toujours que la même moisson et qu'il faut varier les cultures si l'on veut conserver et accroître sa vigueur première. Pour l'homme même, la physiologie enseigne que s'il était réduit à un seul aliment, il dépérirait et que dans certains cas cet affaiblissement continu pourrait amener la mort. Faites donc pour votre esprit ce que la médecine exige que vous fassiez pour votre corps. L'idéal à mes yeux d'une bonne éducation de l'intelligence et d'une forte préparation à la vie *professionnelle* serait qu'on pût se rendre universel au profit d'une spécialité.

Quand je viens vous demander, messieurs, de regarder au delà du cercle de vos études ordinaires, ce n'est pas seulement parce que les mathématiques, malgré l'immensité de leur champ d'études, ont un objet de connaissance déterminé et par conséquent restreint, c'est aussi et surtout parce qu'elles donnent à l'esprit une aptitude qui pour être excellente dans un travail spécial, est bien loin de suffire à tous les besoins de la vie intellectuelle.

Permettez-moi d'insister un moment sur ce point, en vous rappelant un mot profond d'Euler qui était aussi une parole d'Aristote : « Le genre d'étude auquel chacun s'applique a une influence si forte sur la manière de penser, que l'expérimentateur ne veut que des expériences, et le raisonneur que des raisonnements[1]. » Il ne faut pas, messieurs, dans l'intérêt de votre esprit et par conséquent de votre avenir, que vous aussi, vous n'acceptiez que les vérités qu'on trouve

---

1. *Lettres à une princesse d'Allemagne*, IIe partie, lettre 48.

sous le microscope, au fond du creuset ou au bout d'un théorème.

Les mathématiques sont des sciences de pur raisonnement. Mais le raisonnement n'est qu'une des opérations de la pensée et n'en est pas même l'opération la plus importante. Concevoir en est une autre; juger, une autre encore, et la plupart de nos jugements ne s'opèrent point, comme ceux des mathématiques, par voie déductive. On peut raisonner très-exactement et juger fort mal, même ne jamais concevoir, parce que la conception, cette vue soudaine de l'esprit, et la rectitude du jugement dépendent de conditions très-différentes de celles qu'exige un raisonnement irréprochable[1].

Pascal a dit que la meilleure logique était la géométrie; je l'accorde volontiers, car je ne voudrais pas prendre à mon compte, surtout ici, ce qui a été répondu à Pascal, que l'art de raisonner *juste* ne peut être enseigné par une méthode suivant laquelle il n'y a pas de raisonnement *faux*; où l'esprit est plus passif qu'actif, plus porté que mû par lui-même; et qu'on n'apprend pas à nager dans l'eau par un exercice préalable dans un réservoir de vif argent[2]. Je me contenterai de dire que la logique n'est-elle-même qu'un instrument. Mettez dans le moulin le mieux construit du blé sain ou avarié, vous aurez toujours de la farine, mais elle sera bonne ou mauvaise selon la qualité du grain. Que de fois la fonction du bon sens n'a-t-elle pas été de faire entendre raison à la logique! ou, comme le dit Molière, que de fois le raisonnement n'a pas banni la raison[3]! L'histoire est pleine des monstrueuses et dé-

1. Bénard, *de la Philosophie dans l'éducation.*
2. *Fragments de philosophie*, de W. Hamilton, dans le morceau intitulé : *de l'Étude des mathématiques*, p. 319.
3. *Les Femmes savantes*, acte II, scène vii.

plorables erreurs de gens pensant mal et raisonnant bien. Marat et l'Inquisition; ceux qui ont fait la Saint-Barthélemy et les massacres de septembre n'étaient pas autre chose. Tous ces violents qui disaient : périsse le monde plutôt que ma pensée ou ma croyance, partaient d'une idée qu'ils croyaient juste et en déduisaient rigoureusement d'épouvantables conséquences : l'un dans le Dieu de l'Évangile voyait la divinité implacable des auto-da-fé, l'autre dans la doctrine de la fraternité humaine trouvait la nécessité logique d'immenses égorgements. « Tu ne savais pas, dit un damné à Dante, tu ne savais pas que j'étais si bon logicien[1]. »

Dans la solution d'un problème, il y a sans doute recherche, invention, création même, si vous le voulez, et par conséquent dans les mathématiques l'esprit conçoit et juge tout comme ailleurs; mais il n'opère toujours, et c'est là le point important, que sur des quantités rigoureusement mesurables; tandis que nous autres, nous opérons sur des quantités et sur des qualités flottantes. Il n'y a pas de nuances en géométrie, il y en a d'infinies dans les choses de la pensée et de la vie. Les sentir, les rendre, c'est le grand art du peintre et de l'écrivain, celui de l'homme de tact dans un salon, de l'homme de goût dans une académie.

Je dirai même plus. Deux et deux font quatre en mathématiques, mais pas toujours dans la vie, dans l'art, même dans la morale. Hors des sciences exactes, il arrive souvent que le vrai se mêle avec le faux d'une telle manière, que pour le discerner et le saisir, il est besoin d'une foule d'opérations très-diverses de l'esprit, et qu'on n'y arrive qu'à l'aide d'aperçus et de suppositions qui n'ont aucun rapport avec la marche infaillible du calcul. « Les vérités démontrées, dit Mme de

---

[1]. *L'Enfer*, chant XXVIIe.

Staël[1], ne conduisent point aux vérités probables, les seules qui servent de guides dans les affaires, comme dans les arts, comme dans la société. » Une violence commise par deux hommes à des degrés différents d'éducation, n'est pas le même crime, et le système des circonstances atténuantes introduit en 1832 dans notre jurisprudence a été un bienfait, en même temps qu'une justice.

Ingres dans un de ses chefs-d'œuvre commet une grosse faute contre les lois de la perspective; il a raison de la commettre; sans elle le tableau n'était pas possible; Phidias avait fait comme Ingres, pour ses statues, exagérant ou diminuant certaines parties des figures ou du torse, selon le point d'où elles devaient être vues. Nos sculpteurs font encore et feront toujours comme Phidias.

L'architecture grecque, la première du monde, est le triomphe de la ligne droite. Eh bien! savez-vous, messieurs, une des causes de l'impression puissante que le Parthénon nu, démantelé, ruiné produit encore? C'est que pas une de ses lignes n'est rigoureusement droite, que pas une de ses surfaces n'est rigoureusement plane.

Par contre, la photographie, qui reproduit les choses selon les lois mathématiques de la lumière, est le plus faux de tous les arts, ou plutôt n'est pas un art et pas même la vérité matérielle.

Il y a donc pour l'esprit un travail différent et à de certains égards supérieur aux jugements déductifs des mathématiciens; c'est d'abord de concevoir, puis de juger la foule infinie des choses qui composent le monde intellectuel et moral, les effets et les causes, les fins et les moyens, le beau et le laid dans l'art, le bien et le

---

1. *De l'Allemagne*, chap. xviii.

mal dans la morale, le juste et l'injuste dans la vie et dans la société, les mœurs, les religions, les institutions politiques et civiles, etc.

On n'est homme qu'à la condition de s'être fait une idée de toutes ces choses; et on est grand ou petit parmi les hommes selon que ces idées, on se les est faites claires ou obscures, exactes ou fausses.

L'idée de quantité qui, avec toutes ses combinaisons, forme la substance même des mathématiques, est une abstraction de l'entendement. C'est au fond de la raison pure qu'elle habite; on pourrait être un grand géomètre sans ouvrir les yeux du corps sur les choses de la terre, ni les yeux de l'esprit sur celles du monde moral. Cependant, ces choses-là, il faut les connaître; et puisque les mathématiques ne peuvent donner d'idées claires que sur la grandeur, demandons à d'autres études ces connaissances que tout homme doit posséder; développons en nous le principe intelligent non plus par un seul, mais par tous les moyens de culture, et arrivons à établir cet équilibre de nos facultés qui, embellies par l'art, secondées par l'histoire, dirigées et contenues par la science, produiront l'effet de mille rayons concentrés en un foyer d'où s'échappera ensuite une puissante et pure lumière.

J'ai fini sur ce point, messieurs, et je le livre, en toute assurance, à vos méditations[1]. J'arrive maintenant à ce qui sera l'objet de nos entretiens dont j'espère vous avoir démontré l'utilité.

L'homme, avec ses idées et ses actes, est à lui seul un univers. C'est dans cet univers que votre professeur de littérature et moi avons mission de vous conduire. Mon

---

1. Voir sur cette question de belles pages dans le livre de M. l'évêque d'Orléans, notamment au chapitre qui a pour titre : *De la haute éducation intellectuelle*, tome I, p. 316 et suiv.

collègue sera chargé de vous montrer les plus belles formes de la pensée humaine ; mon lot est moins attrayant. Avec moi, vous tomberez des hauteurs de l'idée et de l'art au milieu des faits. Mais derrière ces faits, nous trouverons bien aussi quelques idées mêlées à de grands intérêts et à de magnifiques spectacles. Je me propose d'étudier avec vous durant la première année les grandes questions qui marquent comme les étapes successives de la civilisation moderne, et l'an prochain d'étudier cette civilisation même dans ses principaux éléments. Notre pays aura naturellement une part considérable dans nos travaux, d'abord parce qu'il est la France, notre patrie bien-aimée, ensuite parce qu'il a joué le premier rôle dans l'histoire du monde moderne. C'est lui qui est à l'avant-garde et qui tient le drapeau sur lequel les autres se guident. Ils suivent de loin, essayant de résister à la pénétrante influence qu'ils aiment et combattent. Ils parlent bien haut de nos fautes et de nos travers ; ils réveillent leurs plus patriotiques souvenirs et exaltent leurs gloires nationales ; mais la première langue qu'ils apprennent, après celle du foyer domestique, c'est la nôtre, et le premier regard qu'ils jettent hors de leurs frontières et de leur histoire tombe sur notre France.

Tout cela, ce n'est pas moi qui le dis par un entraînement de patriotisme, mais des étrangers, presque des ennemis. Le comte de Maistre, qui a été si injuste pour la plupart de nos gloires et de nos affections, appelle cependant la France « le plus beau royaume du monde, après celui du ciel, » et écrit encore : « La France a deux bras avec lesquels elle remue le monde : sa langue et l'esprit de prosélytisme qui forme l'essence de son caractère. C'est grâce à cette double influence qu'elle exerce une magistrature réelle sur les nations. » Un autre écrivain, un des historiens les plus renommés de l'Allemagne contemporaine, représentait, il y a peu de temps, la France « comme ayant reçu la mission de reviser, d'époque en époque, les grandes lois de la vie européenne, et les institutions qu'elle avait le plus contribué à faire prévaloir autour d'elle. »

Nous serons donc souvent en France, mais nous ferons de là de continuelles excursions pour voir les peuples qui grandissent ou s'effacent et étudier les causes de ces prospérités comme de ces décadences.

Je sais combien l'œuvre que j'entreprends est difficile. Il y a dans Virgile une belle et saisissante image de l'histoire : Le laboureur des champs de Philippes qui voit sortir de chaque sillon ouvert par sa charrue des armes rongées de rouille, des ossements brisés et qui s'arrête à méditer sur ces ruines. Il faut que l'historien lui aussi enfonce le soc dans le passé et exhume ce qu'a recouvert la couche épaisse des siècles. S'il sait par une patiente étude reconstituer ces débris mutilés; s'il a le souffle de vie et le répand sur ces corps inconnus; les voilà qui se lèvent de leur couche funèbre, qui reprennent leur nom, parlent et agissent; voilà une société détruite qui revit tout entière, et nous devenons les contemporains de ces hommes d'un autre âge. Leurs mœurs, leurs institutions, leurs arts sortent de la sombre nuit et reparaissent au jour.

Dans cette résurrection du passé, l'enfant, le jeune homme et ceux qui ne savent pas vieillir ne veulent voir que les choses éclatantes : les drapeaux qui flottent au vent, les trompettes qui sonnent, les épées qui se brisent, les forteresses qui s'écroulent; ou bien la belle châtelaine qui chevauche sur sa blanche haquenée, entourée de ses chevaliers et de ses pages, et le roi victorieux qui passe dans un tourbillon de pourpre et d'or.

Mais ceux dont l'âge a mûri l'esprit ou qui comme

vous ont pris de bonne heure l'habitude des réflexions sérieuses, cherchent et trouvent dans l'histoire autre chose qu'un intérêt de curiosité. S'il fallait voir seulement en elle un musée de vieilleries intéressantes, les plus vigoureux esprits n'auraient point fait de ses récits leur constante préoccupation.

Elle est d'abord un des plus brillants côtés de l'art d'écrire et un des plus nobles exercices de la pensée; mais de plus elle est une nécessité pour tout homme d'éducation libérale, parce que nos lettres, nos arts sont pleins des faits qu'elle raconte, des sentiments et des idées qu'elle provoque.

Elle est encore le trésor de l'expérience universelle; car pour toutes choses, même pour les plus obscures, il importe, comme on dit en style administratif, d'étudier les antécédents de la question : et il est bien peu de questions d'ordre moral ou économique pour lesquelles elle n'ait d'utiles réponses à donner. Je sais bien que l'humanité ne repasse jamais par les mêmes voies, et que le chemin qu'elle suit est un pont qui s'écroule derrière elle. Mais les ruines mêmes qu'elle fait lui servent de matériaux pour ses constructions nouvelles. Dans le présent, ce qu'il y a le plus c'est toujours du passé et parfois du passé le plus lointain. Chacun de nous porte en soi l'humanité tout entière. Écoutez bien et vous entendrez au fond de votre âme, dans vos opinions et dans vos croyances, le sourd retentissement des siècles.

L'histoire a, en outre, pour les passions politiques une grande vertu d'apaisement, parce que, sans diminuer l'amour du bien, même l'impatience du mieux, elle enseigne que les esprits absolus exposent à plus de dangers qu'ils ne rendent de services; que toujours il faut compter avec le temps pour qu'il mûrisse les idées, comme il mûrit les moissons; qu'enfin l'art de gouverner les hommes est surtout l'art des tempéraments, les chocs et les soubresauts ne valant pas mieux dans la vie normale d'une société qui marche que dans la machine puissante qui fonctionne régulièrement.

Surtout elle est un grand enseignement moral, et je voudrais qu'on lui donnât son vrai nom : le livre des expiations et des récompenses; vous n'y trouverez pas une faute, une erreur, un crime qui n'aient été punis. Il est vrai que parfois cette justice des choses semble étrange et confond toutes nos idées de la responsabilité personnelle. S'il a été dit : « Semez le vent et vous recueillerez la tempête, » celui qui fait la moisson funeste n'est pas toujours le semeur réprouvé. A la vue de ces expiations imméritées, de ces fils qui payent pour leurs pères, vous ressentirez, messieurs, un trouble profond dans votre conscience morale; et peut-être irez-vous, pour expliquer ces iniquités, jusqu'à la dure doctrine de châtiment providentiel qui montrait au comte de Maistre tant de coupables dans les victimes de la Terreur. Regardez bien cependant et vous y trouverez aussi une haute leçon de moralité pratique.

Dans le monde organique, la nature n'a nul souci de l'individu : qu'il vive, prospère ou succombe, peu lui importe; c'est pour l'espèce qu'elle réserve toute sa sollicitude. Dans le monde moral, une loi analogue se produit. L'individu n'est pas toujours et sur l'heure récompensé ou puni, mais la société l'est infailliblement. Le bien et le mal jetés dans le monde y germent, y grandissent; tôt ou tard ils portent leurs fruits doux ou amers, et ce n'est souvent que la génération suivante qui les cueille. La justice de la terre, et je ne veux parler que de celle-là, oublie donc parfois le coupable, qu'elle abandonne à une autre, jamais le crime. Elle s'attache à ses pas, le suit, l'atteint et le frappe, même sur la tête de l'innocent, pour arracher du sein de la société le mal qu'il portait avec lui, de même qu'elle couronne de gloire l'obscur penseur mort à la peine. Que de statues dressées dans nos places par la reconnaissance publique à des hommes qui avaient vécu dans l'abandon et la misère!

Nous ne nous récrions pas contre la loi d'hérédité qui, dans la famille, rend le fils solidaire du père, et fait que l'inconduite de l'un prépare à l'autre une constitution scrofuleuse et ruinée, avant même que cet autre ait été conçu. Qu'on sache bien aussi que dans la société toute faute est expiée par celui qui l'a commise ou par ceux qui l'ont acceptée. La grande ambition de chacun de nous, comme homme, c'est de fonder une famille; comme citoyen, c'est d'aider dans la mesure de nos forces à la prospérité de notre pays; j'excepte bien entendu la race odieuse de ces misérables qui disent : « Après moi le déluge. » Ayons donc toujours présente aux yeux cette vieille vérité qui, dans la Bible, promet la bénédiction ou les châtiments jusqu'à la postérité la plus reculée. Quand elle sera entrée au fond de tous les cœurs, ne voyez-vous pas quel lien puissant aura été établi, au sein des familles et des sociétés, entre les générations qui se succèdent.

L'histoire vient donc compléter et étendre les principes de la morale individuelle que Dieu a mis en nous et que la raison dégage, en les fortifiant par cette solidarité qu'elle atteste. Elle est la conscience du genre humain. Et ce qu'elle enseigne, ce n'est pas plus l'égoïsme d'Helvétius que la raillerie de Voltaire, le désespoir de Pascal que les expédients de Machiavel; mais la noble et austère doctrine du devoir qui est à elle-même sa propre récompense, parce que l'esprit ne s'élève jamais plus haut que lorsqu'il s'abaisse devant elle : devoir pour chacun de nous de payer au Créateur la dette de la vie en accroissant la force intelligente et morale qu'il nous a donnée; devoir pour chaque peuple de travailler au labeur commun de l'humanité, cette voyageuse infatigable que Condorcet, du pied de son échafaud, voyait s'avancer chaque jour plus forte, plus heureuse et plus libre sur la route que Dieu lui a montrée.

Je résume, messieurs, ce qui fait le fond de cet entretien. Le monde a deux océans de faits et d'idées. Plongez dans l'un, sondez-en les profondeurs, mais laissez-vous aussi conduire, ne fût-ce qu'à la surface de l'autre, pour que votre horizon s'élargisse et que votre pensée aille plus loin, monte plus haut. Vous portez l'épée. Faites donc tout ce qui est nécessaire aujourd'hui pour que l'épée de la France devienne encore plus redoutable, afin qu'elle soit, s'il est possible, tirée moins souvent; mais n'oubliez pas que si ce pays aime à respirer l'odeur de la poudre, il a toujours placé, à côté de la gloire des batailles, celle des arts, des lettres, et qu'une partie de sa puissance au dehors tient aux idées de justice qu'il a répandues sur le monde. Nos pères nous ont légué ce double héritage; nous l'avons accepté pour vous le transmettre : restez-y fidèles.

Et d'ailleurs, savoir, comprendre, n'est-ce pas le plaisir suprême? « Plus de lumière, disait Goethe mourant, encore plus de lumière! » Comme lui et jusqu'à l'heure dernière, cherchons le jour. Mais ne croyez pas qu'on ne le voie que du côté où se lèvera l'aurore de demain!

On raconte qu'à la mort d'un roi de Perse, les candidats au trône, loin de se déchirer entre eux, selon l'usage, s'entendirent pour réserver la couronne à celui qui le premier verrait le soleil, le grand dieu du pays, sortir de l'aube matinale. Tous tendirent leurs regards à l'orient; un seul se tourna en arrière, et, avant les autres, il aperçut le premier rayon qui, passant par-dessus les brumes épaisses de l'horizon oriental, frappait au zénith et rejaillissait à l'occident.

Faites comme lui, messieurs, et pour mieux voir en avant, regardez en arrière.

Contrairement aux usages de l'École, de vifs applaudissements ont suivi ce discours. Je ne relèverais point ce fait et me contenterais d'en garder le souvenir au fond du cœur, s'il n'avait une sérieuse signification. C'était la bienvenue que l'École polytechnique souhaitait aux sciences morales, et l'engagement qu'elle prenait de leur accorder une part de sa pensée. A ce compte, c'est un signe qui mérite d'être noté.

P. S. — Je n'ai pas besoin d'ajouter qu'un cours de littérature française existe depuis longtemps à l'École; qu'il était fait, dans ces dernières années, par un homme d'un esprit élevé et du goût le plus sûr, M. Havet; que par conséquent tout un grand côté des sciences morales était représenté à l'École, avant la création de la chaire d'histoire.

6 novembre 1862.

Paris. — Imprimerie de Ch. Lahure et Cie, rue de Fleurus, 9.

www.ingramcontent.com/pod-product-compliance
Lightning Source LLC
Chambersburg PA
CBHW061018050426
42453CB00009B/1517